COLLECTION DE M. P***

TRÈS-BEAUX

TABLEAUX MODERNES

PAR

EUG. DELACROIX, P. DELAROCHE
DIAZ, COROT, SAINT-JEAN, TROYON, JULES DUPRÉ
ROSA BONHEUR, ROYBET, DAUBIGNY, ETC

Mᵉ ESCRIBE	M. HARO ✻
COMMISSAIRE-PRISEUR	PEINTRE-EXPERT
6, rue de Hanovre, 6	14, rue Visconti, et rue Bonaparte, 20

Chez lesquels se distribue le Catalogue

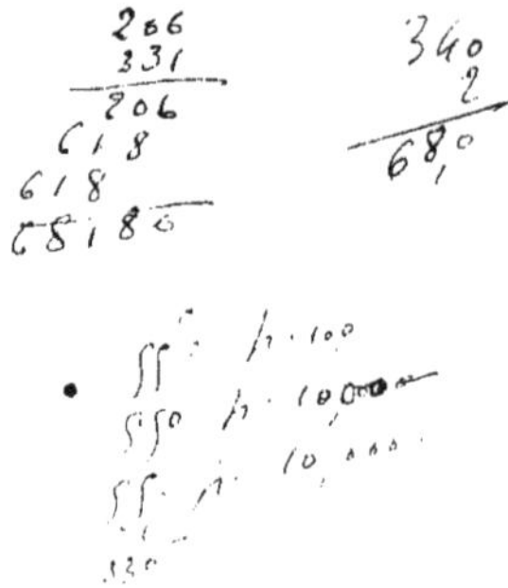

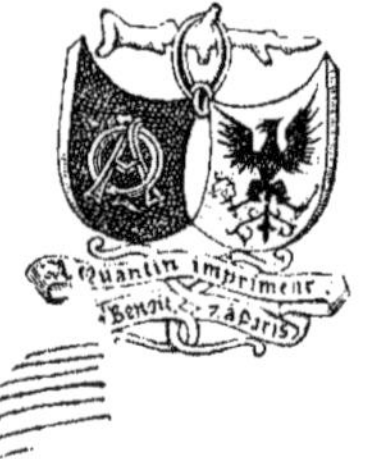
A. Quantin imprimeur.

COLLECTION DE M. P***

TRÈS-BEAUX

TABLEAUX MODERNES

PAR

EUG. DELACROIX, P. DELAROCHE
DIAZ, COROT, SAINT-JEAN, TROYON, JULES DUPRÉ
ROSA BONHEUR, ROYBET, DAUBIGNY, ETC.

VENTE HOTEL DROUOT, SALLE N° 8
Le Vendredi 16 Mars 1877
A 2 HEURES 1/2

EXPOSITIONS

PARTICULIÈRE	PUBLIQUE
Le Mercredi 14 Mars 1877	Le Jeudi 15 Mars 1877

Me ESCRIBE	M. HARO *
COMMISSAIRE-PRISEUR	PEINTRE-EXPERT
6, rue du Hanovre, 6	14, rue Visconti, et rue Bonaparte, 20

Chez lesquels se trouve le catalogue.

CONDITIONS DE LA VENTE

Elle sera faite au comptant.

Les acquéreurs payeront 5 pour 100 en sus des adjudications.

CE CATALOGUE SE DISTRIBUE

A PARIS CHEZ

Mᵉ ESCRIBE	M. HARO ✱
COMMISSAIRE-PRISEUR	PEINTRE-EXPERT
6, rue de Hanovre, 6	20, rue Bonaparte, et rue Visconti, 14

La collection de M. P***, composée de tableaux modernes, que nous passerons rapidement en revue, renferme plusieurs toiles de premier ordre.

Démosthènes et la Mer, par Eugène Delacroix, a déjà été décrit par Th. Gautier. « Il rappelle avec une grandeur épique le début de l'*Iliade*, où l'on voit le prêtre d'Apollon, Chrysès, marcher *près de la mer retentissante*. Pour s'exercer à parler au peuple, cette mer, cet orage, Démosthènes, un caillou dans la bouche, s'adresse au tumulte des vagues, aux cris séditieux des vents, et tâche de dominer la tempête de la voix et du geste. Quelle ampleur et quelle puissance dans cette figure unique, qui remplit le cadre comme une foule! »

Les Grès de Fontainebleau, par Théodore Rousseau, encadrent l'immensité dans un tout petit espace. C'est un de ses tableaux les plus fins et les plus lumineux.

La Méridienne, par Jules Dupré, est une œuvre séduisante et complète. Il est midi; au fond du tableau, un soleil de feu inonde la plaine; des nuages, que le soleil rougit, répercutent sur la terre une chaleur torride. Quelques vieux chênes servent d'abri à un pâtre et à trois vaches étendues sur l'herbe, quelques touffes de joncs conservent seules leur robuste verdeur, l'écorce des chênes desséchée devient claire et brillante; le spectateur se sent envahi par cette brûlante atmosphère.

Jules Dupré, un des créateurs du paysage moderne, a étudié l'attitude secrète des arbres, les assises des terrains, les lointains, les valeurs diverses des animaux, avec une force, une lumière et une vigueur de tons incomparables. Devant cette petite toile et le tableau *les bords de l'Oise*, on comprend bien l'opinion émise par notre grand critique d'art : « Nul maître, même ayant profité de son initiative, ne peut se vanter de l'avoir dépassé. »

Le tableau *Brebis et son Agneau égarés pendant l'orage*, pourrait être également intitulé *l'Amour d'une mère*. L'orage menace, le vent souffle déjà avec violence; une brebis et son agneau cheminent au milieu d'une lande inculte. La pauvre bête, en sentant venir l'orage, a sans doute été chercher son petit, attardé dans le bois, qu'on aperçoit à la gauche du spectateur; mais pendant son absence, le troupeau est parti. Elle le cherche des yeux, elle l'appelle de ses bêlements. C'est un petit drame idyllique qui mériterait d'être reproduit par la gravure.

La Forêt de Fontainebleau, par Diaz. Nous sommes dans la forêt à l'heure de midi. Tout est calme, de grands hêtres élèvent à notre gauche leurs troncs argentés, en même temps robustes et gracieux; à droite, des chênes plus sombres étendent leurs rameaux tordus; derrière les arbres, le soleil tombe d'aplomb sur l'herbe grisâtre. Entre les deux groupes dorment, sous l'ombre épaisse, quelques petites flaques d'eau. En arrière court une palissade qui sépare le groupe principal du reste de la forêt. Le calme est l'impression dominante de ce tableau, exécuté pourtant avec l'énergie qui caractérise le maître. Il est peint d'ailleurs avec amour, chaque partie est traitée avec sollicitude, chaque arbre y a l'importance qu'il doit avoir; la modeste touffe d'herbe y a obtenu le soin auquel elle avait droit.

Grande Forêt, par Diaz. Au premier plan, des chênes gigantesques, fièrement dressés devant le spectateur, entrecroisent leurs branches; ils étendent leurs rameaux énormes, tordus, rugueux, les mêlent comme dans un chaos, et ce chaos, l'artiste le domine sans qu'une hésitation se trahisse. Chaque branche est bien à la place qu'elle occupait dans la nature avec ses courbes, sa couleur et son feuillage. A travers bois, au bord de ce sentier, un hêtre, arrêtant vivement la lumière, accuse la profondeur de la perspective.

Diane chasseresse, par Diaz. Son arc à la main, Diane part pour la chasse. Elle est entourée de ses nymphes; un Amour, courant auprès d'elle, lui tend son carquois, d'où elle va tirer une flèche. Deux grands lévriers, cherchant à forcer la main qui les retient, sortent du groupe. Tout cela vit, rayonne d'ardeur et de plaisir. La couleur est sobre, tout en restant chaude; le mouvement animé, tout en restant juste.

Le Pêcheur à la ligne, par Diaz. Un adolescent, presque un enfant, pêche à la ligne. Il s'est abrité près d'un bouquet d'arbres qui le couvre du côté du ruisseau. Tout entier à ce qu'il fait, il est à demi-penché au-dessus de l'eau. Tout ce coin de nature est ensoleillé.

De Diaz, citons encore deux tableaux justement connus, *l'Orage* et *Suzanne surprise par les vieillards*, dont l'exécution est merveilleuse de puissance et d'harmonie.

Nous ne connaissons aucune collection aussi riche en beaux tableaux de ce maître, et nous pensons, surtout pour les deux grandes forêts, que ces œuvres sont dignes de prendre place dans les musées, à côté des plus grands maîtres paysagistes.

Paul Delaroche est représenté par le tableau si délicat *Jésus chez Simon le pharisien*, Corot par deux paysages, *le Moulin à vent* et *la Danse des nymphes*, Courbet par deux toiles peintes avec la solidité d'exécution qu'on lui connaît, *Intérieur de forêt, chevreuils aux écoutes*, et *les Régates*. Daubigny père et Karl Daubigny figurent dans la collection avec des vues des bords de la Seine prises sur nature.

Diverses toiles par Troyon, Jacque, Saint-Jean, P. Rousseau, Vuillefroy, Chavet, de Haas, Armand Leleux, de Knyff, et une *Scène vénitienne*, par Charles-Louis Muller, complètent cet ensemble, ainsi que plusieurs Roybet, dont l'un, *le Combat des chevaliers*, est peint avec toute la furie et l'emportement d'un Delacroix.

HARO.

TABLEAUX

DÉSIGNATION

BONHEUR (Rosa)

1. — Brebis et son agneau égarés pendant l'orage.

Exposé sous le numéro 158 du catalogue de l'Exposition de 1845.

Signé à droite.

T. — H., 0^{m},46. L., 0^{m},63.

BURGERS

2. — Jeune Mère hollandaise.

Signé à droite.

B. — H., 0^{m},38. L. 0^{m},18.

*

CHAVET

3. — La Revue à Longchamps.

Signé à droite.

T. — H., 0^{m},26 L., 0^{m},53.

COOK (César de)

4. — Paysage, vue prise dans la vallée de l'Epte.

Signé à droite et daté 1872.

T. — H., 0^{m},44. L., 0^{m},64.

COROT

5. — Le Moulin à vent.

Signé à droite.

B. — H., 0^{m},37. L., 0^{m},58.

COROT

6. — Paysage; la Danse des nymphes.

Signé à gauche.

T. — H., 0^{m},37. L., 0^{m},45.

COURBET

7. — Intérieur de forêt ; Chevreuil aux écoutes traversant un ruisseau.

Signé à gauche.

T. — H., 0^{m},77. L., 0^{m},91.

COURBET

8. — **Les Régates.**

Signé à gauche.

T. — H., 0^{m}45. L., 0^{m},55.

DAUBIGNY

9. — Paysage ; vue prise à Gloton (effet de soleil couchant).

Signé à gauche.

B. — H., 0^{m},37. L., 0^{m},66.

DAUBIGNY

10. — Paysage ; les bords de la Seine.

Signé à gauche.

B. — H., 0^{m},42. L., 0^{m},74.

DAUBIGNY (Karl)

11. — Paysage; vue prise aux bords de la Seine (environs de Bonnières).

Signé à gauche.

B. — H., $0^{m},41$. L., $0^{m},78$.

DAUBIGNY (Karl)

12. — Paysage aux bords de la Seine (environs de Poissy).

Signé à droite.

B. — H., $0^{m},42$. L., $0^{m},74$.

DELACROIX (Eugène)

13. — Démosthènes et la Mer.

Signé à gauche.

B. — H., $0^{m},48$. L., $0^{m},60$.

DELAROCHE (Paul)

14. — Jésus chez Simon.

Collection et vente Pereire.

Forme cintré — H., $0^{m},19$. L., $0^{m},44$.

DIAZ

15. — La Forêt de Fontainebleau.

Signé à droite.

T. — H., 0m,84. L., 1m,05.

DIAZ

16. — Grande forêt.

Signé à droite.

T. — H., 0m,82. L., 1m,12.

DIAZ

17. — Diane chasseresse.

Signé à gauche.

T. — H., 0m,53. L., 0m,37.

DIAZ

18. — Le Pêcheur à la ligne.

Signé à gauche.

B. — H., 0m,21. L., 0m,15.

DIAZ

19. — L'orage.

Signé à droite et daté 1872.

B. — H., 0^m,48. L., 0^m,59.

DIAZ

20. — Suzanne et les vieillards.

H., 0^m,47. L., 0^m,38.

DIAZ

21. — Paysage avec figure ; solitude.

Signé à gauche.

B. — H., 0^m,46. L., 0^m,38.

DUPRÉ

22. — La Méridienne.

Signé à gauche.

T. — H., 0^m,60. L., 0^m,57.

DUPRÉ (Jules)

23. — Les bords de l'Oise.

Signé à gauche.

T. — H., 0^{m},58. L., 0^{m},96.

GAUDEFROY (Alph.)

24. — Marchand de soiries japonaises.

Signé à droite.

T. — H., 0^{m},65. L., 0^{m},54.

HAAS (de)

25. — Paysage et animaux; vue prise au bord de la mer.

Signé à gauche.

T. — H., 0^{m},47. L., 0^{m},71.

JACQUE (Charles)

26. — Le Pacage; Bergère gardant ses moutons à la lisière d'une forêt.

Signé à gauche.

T. — H., 0^{m},80. L., 0^{m},62.

JACQUE (Ch.)

27. — Paysage ; Moutons paissant sous de grands chênes. Effet d'orage.

Signé à gauche.

T. — H., 0m,50. L., 0m,42.

KNYFF (Le chevalier A. de)

28. — Entrée de la rivière à Roscoff ; paysage.

T. — H., 0m,50. L., 0m,87.

LELEUX (Armand)

29. — Petite Alsacienne lisant la bible.

T. — H., 0m,44. L., 0m,34.

LELEUX (Armand)

30. — L'Affuteur de Scies.

T. — H., 0m,45. L., 0m,35.

LÉVY (MICHEL)

31. — Tireuse de cartes.

Signé à droite.

T. — H., 1^{m},00. L., 0^{m}80.

MULLER (CHARLES-LOUIS)

32. — Scène Vénitienne.

T. — H., 0^{m},73. L., 0^{m},60

MONFALLET

33. — La Partie de cartes.

Signé à droite.

B. — H., 0^{m},41. L., 0^{m},53.

ROUSSEAU (PHILIPPE)

34. — Fleurs des champs et Chapeau de paille.

Signé à droite.

T. — H., 0^{m},59. L., 0^{m};90.

ROUSSEAU (Théodore)

35. — Les Grès de Fontainebleau.

Signé à droite.

B. — H., 0^{m},17. L., 0^{m},21.

ROYBET

36. — Combat de chevaliers.

Signé à gauche.

T. — H., 0^{m},86. L., 1^{m},41.

ROYBET

37. — Négresse; intérieur du Sérail.

Signé en haut à droite.

T. — H., 0^{m},80. L., 0^{m},64.

ROYBET

38. — Lansquenets en embuscade.

Signé à droite.

T. — H., 0^{m},80. L. 0^{m},65.

ROYBET (F.)

39. — Soldat de la garde écossaise sous Louis XI.

Signé à gauche.

B. — H., 0m,60 L., 0m,45.

RUDAUX

40. — Le Repos de l'artiste.

Signé à droite.

B. — H., 0m,46. L., 0m,37.

SAINT-JEAN

41 — Raisins.

Collection et vente Morny.

H., 0m,40. L., 0m,32.

TROYON

42 — La Vallée de la Touque.

Étude prise en Normandie.

Vente Troyon.

T. — H., 0m,58. L., 0m,80.

TROYON

43 — Troupeau de moutons en marche.

Vente Troyon.

T. — H., 0^{m},55. L., 0^{m},68.

VON THOREN (Otto)

44. — Brigands hongrois poursuivis, chassant devant eux un troupeau.

Signé et daté à droite, 1866.

T. — H., 0^{m},65. L., 1^{m},12.

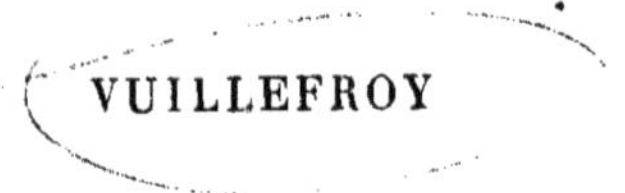

VUILLEFROY

45. — Paysage; troupeau de bœufs conduit par des picadors venant de la montagne.

Signé à gauche.

T. — H., 0^{m},80. L., 1^{m},00.

VUILLEFROY

46. — Le Coup de vent.

Paysage et animaux.

Des bœufs à l'approche de la tempête cherchent à se mettre à l'abri sous de grands arbres.

Vue prise au bord de la mer.

T. — H., 0^{m},72. L., 1^{m},00.

YONGHE (Gustave de)

47. — Le Souvenir de l'absent.

Signé à droite.

B. — H., 0^{m},63. L., 0^{m},40.

YONGHE (Gustave de)

48. — La Toilette; dernier coup d'œil.

Signé à droite.

B. — H., 0^{m},76. L., 0^{m},53.

PARIS. — Impr. J. CLAYE. — A. QUANTIN et Cie, rue Saint-Benoît. — [800]

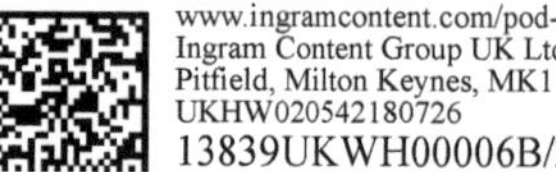

www.ingramcontent.com/pod-product-compliance
Ingram Content Group UK Ltd.
Pitfield, Milton Keynes, MK11 3LW, UK
UKHW020542180726
13839UKWH00006B/2667

9 782329 502489